BEI GRIN MACHT SICH IHR WISSEN BEZAHLT

- Wir veröffentlichen Ihre Hausarbeit,
  Bachelor- und Masterarbeit

- Ihr eigenes eBook und Buch -
  weltweit in allen wichtigen Shops

- Verdienen Sie an jedem Verkauf

Jetzt bei www.GRIN.com hochladen und kostenlos publizieren

Trainingsplanerstellung mit Mesozyklus zur Verbesserung der Ausdauer

GRIN :‿

Bibliografische Information der Deutschen Nationalbibliothek:

Die Deutsche Nationalbibliothek verzeichnet diese Publikation in der Deutschen Nationalbibliografie; detaillierte bibliografische Daten sind im Internet über http://dnb.d-nb.de abrufbar.

ISBN: 9783346557643
Dieses Buch ist auch als E-Book erhältlich.

© GRIN Publishing GmbH
Nymphenburger Straße 86
80636 München

Druck und Bindung: Books on Demand GmbH, Norderstedt Germany
Gedruckt auf säurefreiem Papier aus verantwortungsvollen Quellen

Das vorliegende Werk wurde sorgfältig erarbeitet. Dennoch übernehmen Autoren und Verlag für die Richtigkeit von Angaben, Hinweisen, Links und Ratschlägen sowie eventuelle Druckfehler keine Haftung.

Das Buch bei GRIN: https://www.grin.com/document/1156593

Inhaltsverzeichnis

1 Diagnose

1.1 Allgemeine und biometrische Daten

Um die Grundvoraussetzung zur Trainingsplanerstellung für das Ausdauertraining der Testperson zu schaffen, erfolgt ein Anamnesegespräch zur Dokumentation der allgemeinen und biometrischen Daten, sowie des allgemeinen Gesundheitszustandes. Diese sind im Folgenden tabellarisch dargestellt.

Tab.1: Allgemeine Daten (eigene Darstellung)

Alter	24
Geschlecht	Weiblich
Körpergröße	158 cm
Körpergewicht	60 Kg
Trainingsmotive	Laufzeit verbessern (für einen anstehenden 10 Km Laufwettbewerb), allgemeine Ausdauerleistungsfähigkeit steigern, BMI/Körperfettanteil senken
Berufliche Tätigkeit	Studentin
Frühere sportliche Aktivitäten	Keine
Aktuelle sportliche Aktivitäten	Krafttraining seit 14 Monaten (fortgeschritten, 3x pro Woche jeweils 60 Minuten nach subjektiven Kraftempfinden) Laufergometer seit 6 Monaten (3x pro Woche jeweils 10Km in 1:03 Stunde, extensive Dauermethode)
Zeitliche Verfügungsrahmen	3x die Woche für jeweils maximal 85 Minuten

Tab. 2: Biometrische Daten (eigene Darstellung)

Blutdruck	125/84 mmHg
Ruhepuls	64 Schläge/Minute
Körperfettanteil in %	28%
Muskelmasse in %	37%
Body Mass Index (BMI)	24

Tabelle 3: Allgemeiner Gesundheitszustand (eigene Darstellung)

Orthopädische Probleme	Nein
Intrinsische Probleme	Nein
Ärztliche Behandlungen	Nein
Einnahme von Medikamenten	Nein

Zur Bewertung der oben genannten Parameter der Testperson werden wissenschaftlich anerkannte Normwerte hinzugezogen. Diese werden im Folgenden tabellarisch dargestellt und im Anschluss mit den Parametern der Testperson verglichen und bewertet.

Tab. 4: Blutdruckklassifikation in Anlehnung an Bierbach, 2007, S.16

Kategorie	Systolischer Blutdruck (mmHg)	Diastolischer Blutdruck (mmHg)
Optimaler Blutdruck	<120mmHg	<80mmHg
Normaler Blutdruck	<130mmHg	<85mmHg
Noch-normal Blutdruck	130-139mmHg	85-89mmHg
Grad 1: leichte Hypertonie	140-159mmHg	90-99mmHg
Grad 2: mittelschwere Hypertonie	160-179mmHg	100-109mmHg
Grad 3: schwere Hypertonie	>180mmHg	>110mmHg

Bewertung des Blutdrucks:

Der Blutdruck der Testperson wurde mithilfe eines Blutdruckmessgeräts bei einem Wert von 125/84 mmHg gemessen. Dieser ist als normal zu bewerten, da der normale systolische Blutdruck bei <130mmHg und der diastolische Blutdruck bei <85 liegt (Bierbach, 2007, S.16).

Tab. 5: Klassifikation des Körperfettanteils (KFA) für erwachsene Frauen und Männer bis 79 Jahre (Gallagher et al., 2000)

	Frauen				Männer			
	Niedrig	Normal	Hoch	Sehr hoch	Niedrig	Normal	Hoch	Sehr hoch
20-39 Jahre	<21	21-33	33-39	≥39	<8	8-20	20-25	≥25
40-59 Jahre	<23	23-34	34-40	≥40	<11	11-22	22-25	≥28
60-79 Jahre	<24	24-36	36-42	≥42	<13	13-25	25-30	≥30

Bewertung des Körperfettanteils:

Die Testperson hat im Alter von 24 Jahren einen Körperfettanteil von 27%. Dieser wurde durch die Caliper Hautfalten-Messung ermittelt und ist als normal zu bewerten (Gallagher et al., 2000, S. 699).

Tab. 6: Richtwerte BMI (WHO, 2018)

Untergewischt	<18,5
Normalgewicht	18,5 - 24,9
Übergewicht	25 - 29,9
Adiopostias Klasse 1	30 - 34,9
Adiopostias Klasse 2	35 - 39,0
Adiopostias Klasse 3	Über 40

Bewertung des BMI:

Die Testperson weist einen BMI von 24 auf und kann daher als Normalgewichtig bezeichnet werden (WHO,2018).

Bewertung des Ruhepuls:

Der Ruhepuls liegt im Durschnitt etwa zwischen 60 und 80 Schlägen pro Minute (Weineck, 2003, S. 50). Mit 64 Schlägen pro Minute ist die Probandin im optimalen Bereich

1.2 Leistungsdiagnostik/Ausdauertestung

Um den aktuellen Leistungszustand der Testperson festzustellen, wird eine Leistungsdiagnostik durchgeführt. Durch diese Analyse wird die Voraussetzung der Trainingsplanerstellung geschaffen. Hierfür werden Daten der zu Anfang vorgenommenen Anamnese hinzugezogen. Die Testrelevanten Parameter werden im Folgenden tabellarisch dargestellt. Der Test wird auf dem Fahrradergometer durchgeführt, da hier die Belastung jederzeit wiederholbar und dosierbar ist. Es besteht eine geringe Gefahr von Fehlbelastungen auf dem Fahrradergometer und auch die koordinativen Anforderungen sind gering. Das Existieren von Normwerten ermöglicht einen individuellen Leistungsvergleich. Für die Testperson wurde der IPN Test ausgewählt. Um diesen Test ausführen zu können, sind Voreinstufungen und die testrelevanten Parameter der Probandin notwendig. Im Folgenden werden diese tabellarisch dargestellt.

Tabelle 7: Voreinstufung nach Ruheherzfrequenz und Lebensalter (modifiziert nach Trunz, 2001; IPN, 2004, S. 4)

Alter/ RHF Ruhe	<20	20-29	30-39	40-49	50-59	60-69	>70
<50 S/min	140 S/min	135 S/min	130 S/min	125 S/min	115 S/min	110 S/min	105 S/min
50-90 S/min	145 S/min	140 S/min	135 S/min	125 S/min	120 S/min	115 S/min	110 S/min
60-69 S/min	145S/min	145 S/min	135 S/min	130 S/min	125 S/min	120 S/min	115 S/min
70-79 S/min	150 S/min	145 S/min	140 S/min	135 S/min	130 S/min	125 S/min	120 S/min
80-89 S/min	155 S/min	150 S/min	145 S/min	140 S/min	135 S/min	125 S/min	125 S/min
>90 S/min	160 S/min	155 S/min	150 S/min	145 S/min	135 S/min	130 S/min	125 S/min

Tab. 8: Voreinstufung unter zusätzlicher Berücksichtigung der Trainingshäufigkeit ausdauerrelevanter Aktivitäten (modifiziert nach Trunz, 2001; IPN, 2004, S. 4)

Sport typ	Mindesthäufigkeit/ Woche (Einheiten)	Stunden/ Woche	Aufschlag
Überhaupt kein Ausdauertraining	-	-	-
Wenig Ausdauertraining	1-2-mal	<1 Stunde	-
Moderat Ausdauertraining	2-3-mal	1-2 Stunden	Plus 5
Viel Ausdauertraining	3-4-mal	2-4 Stunden	Plus 10
Sehr viel Ausdauertraining	>4-mal	>4 Stunden	Plus 15

Tab. 9: Testrelevante Parameter (eigene Darstellung)

Alter	24 Jahre
Geschlecht	weiblich
Gewicht	60 Kg
Größe	158 cm
Ruhepuls	64 Schläge/Minute
Maximale Herzfrequenz	150 S/min (nach IPN)

Bewertung der Voreinstufung:

Die Testperson ist 24 Jahre alt, hat einen Ruhepuls von 64 S/min und darf somit eine maximale Herzfrequenz von 145 S/min erreichen. Da die Testperson allerdings bereits das Laufergometer 3x pro Woche für jeweils 1 Stunde nutzt und die Probandin somit in das moderate Ausdauertraining fällt, wird die maximale Herzfrequenz um 5 S/min erhöht (modifiziert nach Trunz, 2001; IPN, 2004, S. 4). Die maximale Herzfrequenz der Testperson liegt für den Test somit bei 150 S/min.

Auswahl des Belastungsschema:

Für die Testperson wurde das Belastungsschema nach Hollmann und Ventrath ausgewählt, da sie durch ihre bereits mehrfach absolvierten Läufe als gut trainierte Person einzuschätzen ist und ihr somit eine Belastbarkeit von mindestens 150 Watt zugetraut werden kann. Im Folgenden wird das Belastungsschema Hollmann und Ventrath tabellarisch aufgeführt.

Tab. 10: Belastungsschema Hollmann & Ventrath (modifiziert nach IPN,2004)

Testprofil	H & V – Schema
Eingangsbelastung:	30 Watt
Stufendauer:	3 min
Belastungssteigerung:	40 Watt
Umdrehungszahl	60-80 U/min
Pulsobergrenze:	nach IPN
Testgröße	Wattzahl der letzten Stufe (zeitinterpoliert)
Normbewertung	Watt/Kg KG

Hinsichtlich dieses Belastungsschema werden nun die Ergebnisse des Radergometertests dargestellt.

Tab. 11: Radergometertest (eigene Darstellung)

Zeit	Watt	Herzfrequenz 1	Herzfrequenz 2	Herzfrequenz 3
0-3	30	64 S/min	70 S/min	76 S/min
3-6	70	85 S/min	91 S/min	101 S/min
6-9	110	112 S/min	123 S/min	134 S/min
9-12	150	142 S/min	147 S/min	151 S/min

Die Probandin erreicht im Radergometertest ihre maximale Herzfrequenz von 150 S/min am Ende der 12. Minute. Daraufhin wurde der Test beendet. Die gefahrene Wattleistung von 150 Watt wird nun mit den Normwerten hinsichtlich der Altersstufe und des Geschlechts verglichen und bewertet. Diese Normwerte werden im Folgenden tabellarisch dargestellt.

Tab. 12: Normtabelle für submaximale Radergometertests – Relative Watt-Soll-Leistung (Watt pro kg) bei Frauen (modifiziert nach IPN, 2004, S. 8)

Faktor/Alter	<30	Bewertung
0,65	2,40	+
0,66	2,60	++
0,67	2,80	++

Bewertung der Normtabelle:

Zur Berechnung des IPN-Normwerts wird die Wattzahl durch das Kilogramm Körpergewicht dividiert (150Watt/60Kg = 2,50 Watt/Kg). Dieses Ergebnis ist aufzurunden und somit laut den IPN-Normwerten als sehr gut zu bewerten (modifiziert nach IPN, 2004, S. 8).

1.3 Gesundheits- und Leistungsstatus der Person

Die Testperson weist eine hohe Belastbarkeit und Trainierbarkeit auf, da sie keinerlei gesundheitliche Auffälligkeiten aufzeigt und beim Radergometer laut des IPN-Normwerts sehr gut abgeschnitten hat. Der Gesundheits- und Leistungsstatus der Probandin ist somit als positiv zu bewerten.

2 Zielsetzung/Prognose

Tab.13: Formulierung von Zielen (eigene Darstellung)

Inhalt	Ausmaß	Zeit
Verbesserung der Laufzeit auf dem Laufergometer	10 Km in einer Zeit von 60 Minuten laufen	6 Wochen
Steigerung der Watt-Soll-Leistung	Steigerung der Watt-Soll-Leistung von 2,5 Watt/Kg auf 2,8 Watt/Kg	12 Wochen

Senkung des Body-Maß Index und die Senkung des Körperfettanteils	Auf einen BMI von 22,4 kommen durch den Verlust von 4 Kg Körpergewicht und einer gleichzeitigen Senkung des Körperfettanteils um 2,5%	12 Wochen

Das erste Ziel der Probandin ist auf die Laufzeit bezogen, da in 6 Wochen ein 10 Km Laufwettbewerb stattfindet, der in unter 60 Minuten gelaufen werden soll. Die Testperson läuft bereits 3x in der Woche jeweils 10 Km in 1:03 Stunden. Die gleiche Strecke soll nun in 6 Wochen in einer Zeit von genau 60 Minuten gelaufen werden.

Das zweite Ziel bezieht sich auf die Watt-Soll-Leistung, welche im Ergometer Test erreicht wurde. Die Probandin befindet sich derzeit mit einem Wert von 2,5 Watt/Kg in einem noch sehr guten Bereich. Um nun die Schwelle zwischen der Bewertung gut und sehr gut zu vergrößern, soll der Wert in 12 Wochen auf 2,8 Watt/Kg gesteigert werden. So kann die Probandin ihre Ausdauerleistungsfähigkeit erhöhen.

Das dritte Ziel der Probandin ist die Verbesserung ihres BMI-Wertes durch die Reduktion des Körpergewichts. Da die Probandin bereits seit 14 Monaten regelmäßiges Krafttraining ausführt, ist es wichtig hierbei den Körperfettanteil mit einzubeziehen. Die Testperson soll primär ihr Körpergewicht durch das Verlieren von Körperfett reduzieren und nicht durch das Verlieren von aufgebauter Muskelmasse. Ihr BMI liegt derzeit bei 24 und somit im oberen Normalbereich (WHO, 2018). Der BMI soll auf einen Wert von 22,4 gesenkt werde, damit die Testperson aus dem oberen Normalbereich herauskommt. Dies bedeutet ein Körpergewichtsverlust von 4 Kg. Dabei soll der Körperfettanteil von 28% auf 25,5% gesenkt werden.

3 Trainingsplanung Mesozyklus

Im Folgenden findet die Planung des Mesozyklus der Testperson tabellarisch statt.

3.1 Grobplanung Mesozyklus

Zunächst erfolgt die Grobplanung des Mesozyklus tabellarisch

Tab. 14: Grobplanung Mesozyklus (eigene Darstellung)

Dauer	6 Wochen
Trainingsziel/e	Entwicklung der Grundlagenausdauer
wöchentlicher Gesamttrainingsumfang	Maximal 180 Minuten
Trainingsmethode/n	extensive Dauermethode variable Dauermethode intensive Dauermethode
Trainingsintensität	50-60 % Hfmax (regenerativ) 60-75 % Hfmax (extensiv) 70-85 % Hfmax (variabel) 80-85 % Hfmax (intensiv)
Trainingshäufigkeit pro Woche	3x in der Woche
Dauer pro Trainingseinheit	30 min (regenerativ) 40-85 min (extensiv) 50 min (variabel) 45 min (intensiv)
Trainingsgerät	Laufergometer

3.2 Detailplanung Mesozyklus

Im Folgenden wird der Mesozyklus in Detail betrachtet und tabellarisch dargestellt.

Tab. 15: Detailplanung Mesozyklus (eigene Darstellung)

Woche 1	MO	MI	FR	Woche 4	MO	MI	FR
Trai-ningsziel	GA1	GA1/ GA2	GA1	Trai-ningsziel	GA1	GA1/ GA2	GA1
Tr.-Me-thode	Exten-sive DM	Variable DM	Exten-sive DM	Tr.-Me-thode	Exten-sive DM	Variable DM	Exten-sive DM
Tr.-Inten-sität	60-65 %	70-75 %	60-65 %	Tr.-Inten-sität	70-75 %	80-85 %	70-75 %
Tr.- Herz-frequenz	90 S/min-97,5 S/min	105 S/min-112,5 S/min	90 S/min-97,5 S/min	Tr.- Herz-frequenz	105 S/min-112,5 S/min	120 S/min-127,5 S/min	105 S/min-112,5 S/min
Tr.-Dauer	60 min	50 min (10:10)	40 min	Tr.-Dauer	75 min	50 min (2:2)	50 min

Tr.-Gerät	Laufband	Laufband	Laufband	Tr.-Gerät	Laufband	Laufband	Laufband
Woche 2	Mo	MI	FR	Woche 5	MO	MI	FR
Trainingsziel	GA1	GA1/ GA2	GA1	Trainingsziel	GA1	GA1/ GA1	GA1
Tr.-Methode	Extensive DM	Variable DM	Extensive DM	Tr.-Methode	Extensive DM	Intensive DM	Extensive DM REKOM
Tr.-Intensität	65-70 %	75-80 %	65-70 %	Tr.-Intensität	70-75 %	80-85 %	50-60%
Tr.- Herzfrequenz	97,5 S/min-105 S/min	112,5 S/min-120 S/min	97,5 S/min-105 S/min	Tr.- Herzfrequenz	105 S/min-112,5 S/min	120 S/min-127,5 S/min	75 S/min-90 S/min
Tr.-Dauer	65 min	50 min (5:5)	45 min	Tr.-Dauer	80 min	45 min	30 min
Tr.-Gerät	Fahrrad	Laufband	Crosstrainer	Tr.-Gerät	Laufband	Laufband	Laufband
Woche 3	MO	MI	FR	Woche 6	MO	MI	FR
Trainingsziel	GA 1	GA1/ GA2	GA1	Trainingsziel	GA 1	GA 1/ GA1	GA1
Tr.-Methode	Extensive DM	Intensive DM	Extensive DM REKOM	Tr.-Methode	Extensive DM	Variable DM	Extensive DM
Tr.-Intensität	70-75 %	80-85 %	50-60%	Tr.-Intensität	70-75 %	80-85 %	70-75 %
Tr.- Herzfrequenz	105 S/min-112,5 S/min	120 S/min-127,5 S/min	75 S/min-90 S/min	Tr.- Herzfrequenz	105 S/min-112,5 S/min	120 S/min-127,5 S/min	105 S/min-112,5 S/min
Tr.-Dauer	70 min	40 min	30 min	Tr.-Dauer	85 min	50 min (5:5)	50 min
Tr.-Gerät	Laufband	Laufband	Laufband	Tr.-Gerät	Laufband	Laufband	Laufband

3.3 Begründung zum Mesozyklus

Im Folgenden findet die Begründung für den tabellarisch dargestellten Mesozyklus statt.

Begründung zum angestrebten wöchentlichen Belastungsumfang:
Die Probandin hat einen zeitlichen Verfügungsrahmen von 3x in der Woche jeweils maximal 85 Minuten angegeben. Erwachsene sollen mindestens 150 Minuten pro Woche Ausdauertraining mit moderater Intensität oder mindestens 75 Minuten pro Woche Ausdauertraining mit höherer Intensität durchführen (Rütten & Pfeifer, 2016, S.27). Die Testperson führt hinsichtlich dieser Empfehlung und ihrer zeitlichen Verfügung jede Woche mindestens 150 Minuten Ausdauertraining durch. Da die Testperson vor allem den Grundlagenausdauerbereich 1 durchführt, ist hier ein hoher Trainingsumfang gefordert, um so den Trainingsreiz für die gewünschten Anpassungsprozesse zu erzielen (Zintl & Eisenhut, 2009, S. 190).

Begründung der ausgewählten Trainingsmethoden:
Im Vordergrund des Ausdauertrainings der Testperson liegt der GA1-Bereich. Hier wird die Trainingsmethode der extensiven Dauermethode in einer Intensität von 60-75% Hfmax eingesetzt, um eine niedrige bis mittlere Intensität in dieser Methode zu erzielen. Das Ziel besteht hierbei im Aufbau und Stabilisierung der Grundlagenausdauer und der Erhöhung der aeroben Leistungsfähigkeit (Neumann et al., 2007; Hottenrott, 2006). Die variable Dauermethode und die intensive Dauermethode, die in den GA2-Bereich fallen, haben das Ziel, der Entwicklung und Weiterentwicklung der Grundlagenausdauer, sowie der Erhöhung der aeroben-anaeroben Leistungsfähigkeit (Neumann et al., 2007; Hottenrott, 2006). Die variable Dauermethode wird hierbei in einer Intensität von 70-85 % Hfmax und die intensive Dauermethode in einer Intensität von 80-85 % Hfmax, um bei diesen Methoden eine mittlere bis hohe Intensität zu erreichen. Die jeweiligen Methoden sollen durch die genannten Ziele der Probandin helfen, eine bessere Laufzeit, einen niedrigeren BMI-Wert und eine Steigerung der Watt-Soll-Leistung zu erzielen. Zur Regeneration wird die extensive Dauermethode (REKOM) genutzt. Diese Methode ist gekennzeichnet durch eine kurze Dauer und einer niedrigen Intensität von 50-60 % Hfmax, sodass die Regeneration unterstützt und die Belastbarkeit der Probandin erhöht wird (Neumann et al., 2007; Hottenrott, 2006).

Begründung zur Belastungsprogression:
Beim Ausdauertraining spielt vor allem die Trainingshäufigkeit eine wichtige Rolle. Da die Probandin allerdings seit mehreren Monaten regelmäßige 3x in der Woche 60-minütige Läufe absolviert, ist diese Voraussetzung bereits gegeben. Die Testperson hat angegeben, dass der

zeitliche Verfügungsrahmen aus 3x pro Woche besteht. Diese Verfügbarkeit wird im Mesozyklus vollkommen genutzt. Als nächstes ist die Belastungsdauer zu nennen. Wie bereits erwähnt ist die Probandin bereits 60-minütige Läufe gewöhnt, daher ist hier von einer Ausdauerbelastung bereits zu sprechen. Da die Probandin also in der Lage ist drei Trainingseinheiten in der Woche zu jeweils 60 Minuten nach der extensiven Dauermethode zu absolvieren, kann nicht nur die Belastungsdauer, sondern auch die Belastungsintensität schrittweise erhöht werden (Zintl & Eisenhut, 2009, S. 190.).

Begründung zu den angesteuerten Trainingsbereichen:

Regenerations- und Kompensationsbereich (REKOM), Grundlagenausdauerbereich 1 (GA1), Grundlagenausdauerbereich 2 (GA2) und die wettkampfspezifische Ausdauer sind die vier Trainingsbereiche, die im Ausdauertraining unterschieden werden (Hottenrott, 2006; Neumann et al., 2007, S. 140; Zintl & Eisenhut, 2001). Diese unterscheiden sich jeweils in ihrer Belastungsintensität (Zintl & Eisenhut, 2001, S. 111). Die Testperson führt in ihrem Training GA1, GA2 und REKOM aus, da diese für ein gesundheits- und fitnessorientiertes Ausdauertraining angelegt sind. Im Vordergrund steht der GA1-Bereich. Der GA1-Bereich soll die Grundlagenausdauer stabilisieren und verbessern, die Stabilisation der Funktion des Herz-Kreislauf-Systems unterstützen, eine Steigerung der aeroben Leistungsfähigkeit schaffen und den Fettstoffwechsel ankurbeln (Zintl & Eisenhut, 2009, S.117). Diese Vorteile, die aus dem GA1-Bereich resultieren, sollen zur Verbesserung der Lauffähigkeit der Testperson, zur Steigerung der Watt-Soll-Leistung und zur Senkung des BMI-Wertes und des Körperfettanteils führen. Die Probandin wird zusätzlich durch den GA2-Bereich gefördert. Durch dieses Training wird eine höhere Laktattoleranz erzielt, sodass das Ausdauerniveau erhöht wird (Neumann et al., 2007, S. 132). Zur Regeneration der Probandin wird der Regenations- und Kompensationsbereich durchgeführt (Hottenrott, 2006; Zintl & Eisenhut, 2001). Durch das Einbauen von Erholungen wird die Ausschöpfung des Anpassungspotenzials der Testperson erzielt (Neumann et al., 2007).

Begründung der ausgewählten Ausdauergeräte bzw. Bewegungsformen:
Das ausgewählte Ausdauergerät ist das Laufergometer. Die Testperson ist mit dem Laufergometer bereits vertraut, da sie seit mehreren Monaten ein Lauftraining absolviert. Des Weiteren steht in 12 Monaten ein 10 Km Laufwettbewerb für sie statt, für den sie ihre Laufschnelligkeit verbessern möchte. Darüber hinaus wird so das Ziel der Probandin die Senkung des BMI-Wertes unterstützt, da beim Laufen mehr Kalorien verbrannt werden als auf anderen Ausdauergeräten (Reim, 2001). Grund dafür ist der hohe Anteil der eingesetzten Muskelmasse.

4 Literaturrecherche

Tab. 16: Auswirkungen von Ausdauer- vs. Krafttraining vs. der Kombination Ausdauer-/ Krafttraining auf die systemische Hämodynamik, Gefäßelastizität sowie Herzfrequenzvariabilität bei Patienten mit arterieller Hypertonie (Bierbach, A.L., 2012)

Studie:	Auswirkungen von Ausdauer- vs. Krafttraining vs. der Kombination Ausdauer-/ Krafttraining auf die systemische Hämodynamik, Gefäßelastizität sowie Herzfrequenzvariabilität bei Patienten mit arterieller Hypertonie
Wer hat die Studie durchgeführt?	Bierbach, Anna Lena
In welchem Jahr wurde die Studie publiziert?	2012
Welche Forschungsfrage wurde untersucht?	Die Studie behandelt den Vergleich zwischen einem reinen Ausdauertraining, einem reinen Krafttraining und der Kombination aus beiden Trainingsformen und nehmen Bezug auf die systemische Hämodynamik, Gefäßelastizität und Herzfrequenzvariabilität bei Patienten mit arterieller Hypertonie Methoden
Mit welchen Versuchspersonen wurden die Studien durchgeführt?	Mit 55 an arterieller Hypertonie erkrankten Personen, jeweils 13 Frauen und 42 Männer. Diese wurden randomisiert auf vier Gruppen
Wie sah der Versuchsaufbau der Studie aus?	Randomisierte, kontrollierte Studie Gruppe 1: führt reines Ausdauertraining aus (AT-Gruppe) Gruppe 2: führt reines Krafttraining aus (KT-Gruppe) Gruppe 3: führt beide Trainingsformen aus (AKT-Gruppe) Gruppe 4: Kontrollgruppe Gruppe 1-3 führen ein Training von drei Einheiten pro Woche in einem Zeitraum von 12 Wochen durch
Welche relevanten Ergebnisse und Schlussfolgerungen lieferten die Studien?	Es wurde festgestellt, dass in Gruppe 1-3 die körperliche Leistungsfähigkeit anhand der VO2max signifikant erhöht wurde. Die AT-Gruppe konnte ihren Blutdruck um -3,30 mmHg, die KT-Gruppe um -4,90 mmHg und

	die AKT-Gruppe um -5,80 mmHg senken. Die Gefäßelastizität veränderten sich nicht signifikant. Schlussfolgernd ist zu sagen, dass die besten Ergebnisse hinsichtlich der Blutdrucksenkung in der AKT-Gruppe erreicht wurden.

Tab. 17: „Kardiovaskuläre Effekte eines aeroben versus ein isometrisches Training bei arterieller Hypertonie" (Vlatsas, S., 2015)

Studie:	Kardiovaskuläre Effekte eines aeroben versus ein isometrisches Training bei arterieller Hypertonie
Wer hat die Studie durchgeführt?	Vlatsas, Stergios
In welchem Jahr wurde die Studie publiziert	2015
Welche Forschungsfrage wurde untersucht?	Die Studie befasst sich mit dem direkten Vergleich des kardiovaskulären Effektes von aerobem Training und isometrischem Faustschlusstraining
Mit welchen Versuchspersonen wurden die Studien durchgeführt?	79 Patienten, mit medikamentös behandelter arterieller Hypertonie oder einem Blutdruck von ≥ 140/90 mmHg ohne medikamentöse Therapie. Diese wurden in drei Gruppen randomisiert
Wie sah der Versuchsaufbau der Studie aus?	randomisierte, prospektive, kontrollierte Studie Gruppe 1: 25 Patienten, die über einen Zeitraum von 12 Wochen ein isometrisches Training 5 Mal pro Woche durchgeführt haben (Faustschlusskontraktionen mit 30% der maximalen Kraft). Gruppe 2: 23 Patenten, die dasselbe durchgeführt haben, allerdings mit einem Placebo-Gerät (Kontraktionen mit 5% der maximalen Kraft). Gruppe 3: 22 Patienten, die 5 Mal pro Woche 30-45 Minuten aerobes Ausdauertraining durchführten
Welche relevanten Ergebnisse und Schlussfolgerungen lieferten die Studien?	Das aerobe Training führte zu einer signifikanten Senkung des systolischen und diastolischen Blutdrucks, zu einer Verbesserung der Elastizität der kleinen und großen Gefäße und

	zu einem Abfall des totalen peripheren Widerstands. Das Isometrische Training zeigte auf keines dieser Punkte Einfluss. Schlussfolgernd kann man sagen, dass blutdrucksenkenden Effekt durch aerobes Training bei Hypertonikern ausgelöst werden und ein isometrisches Faustschlusstraining keine blutdrucksenkenden Effekte aufweist.

5 Literaturverzeichnis

Bickenbach, A.L. (2012). *Auswirkungen von Ausdauer- vs. Krafttraining vs. der Kombination Ausdauer-/Krafttraining auf die systemische Hämodynamik, Gefäßelastizität sowie Herzfrequenzvariabilität bei Patienten mit arterieller Hypertonie.* Dissertation Thesis, Deutsche Sporthochschule Köln. Zugriff am 24.12.2019. Verfügbar unter http://esport.dshs-koeln.de/314/

Bierbach, E. (2007). *Blutdruck – Rhythmus – Kontraktilität: Einblicke in die Herz-Kreislauf - Pathologie.* Zugriff am 14.12.2019. Verfügbar unter https://www.thieme-connect.de/products/ejournals/abstract/10.1055/s-2007-982750

Gallagher, D., Heymsfield, S. B., Heo, M., Jebb, S. A., Murgatroyd, P. R. & Sakamoto, Y. (2000). *Healthy percentage body fat ranges: an approach for developing guide-lines based on body mass index.* American Journal of Clinical Nutrition, 72 (3), 694–701. Zugriff am 14.12.2019. Verfügbar unter http://zakboekdietetiek.nl/wp-content/uploads/2015/11/Am-J-Clin-Nutr-2000-Gallagher-694-701.pdf

Hottenrott, K. (2006). *Trainingskontrolle mit Herzfrequenz-Messgeräten* (1. Aufl). Aachen: Meyer & Meyer.

IPN. (2004). *IPN-Test – Ausdauertest für den Fitness- und Gesundheitssport.* Köln: IPN.

Neumann, G., Pfützner, A. & Berbalk, A. (2007). *Optimiertes Ausdauertraining* (5., überarb. Aufl.). Aachen: Meyer & Meyer.

Reim, F. (2001). *Kardiopulmonale, metabolische und subjektive Beanspruchung beimgesundheitsorientierten Ausdauertraining an unterschiedlichen Indoor-Cardiogerä-ten* (Berichte aus der Sportwissenschaft). Zugl.: Bayreuth, Univ., Diss., 2001. Aa-chen: Shaker.

Rütter, A., Pfeiffer, K. (2016). *Nationale Empfehlung für Bewegung und Bewegungsförderung* (Sonderheft 03). Bundeszentrale für gesundheitliche Aufklärung. Zugriff am 25.12.2019. Verfügbar unter (https://www.bundesgesundheitsministerium.de/fileadmin/Dateien/5_Publikationen/Praevention/Broschueren/Bewegungsempfehlungen_BZgA-Fachheft_3.pdf

Trunz, E. (2001). *IPN-Test - Ausdauertest für den Fitness- und Gesundheitssport.* Köln: Institut für Prävention und Nachsorge.

Vlatsas, S. (2015). *Kardiovaskuläre Effekte eines aeroben versus ein isometrisches Training bei arterieller Hypertonie.* Charité - Universitätsmedizin Berlin. Zugriff am 24.12.2019.Verfübar unter https://refubium.fu-berlin.de/handle/fub188/1246

Weineck, J. (2003). *Ausdauertraining. Trainingssteuerung über die Herzfrequenz- und Milchsäurebestimmung.* Balingen: Spitta

World Health Organisation: Regional Office for Europe. (2018). *Body mass index - BMI.* Zugriff am 14.12.2019. Verfügbar unter: http://www.euro.who.int/en/health-topics/disease-prevention/nutrition/a-healthy-lifestyle/body-mass-index-bmi

Zintl, F. & Eisenhut, A. (2001). *Ausdauertraining. Grundlagen Methoden Trainingssteu-erung* (5. überarb. Aufl.). München: BLV.

6 Tabellenverzeichnis

BEI GRIN MACHT SICH IHR WISSEN BEZAHLT

- Wir veröffentlichen Ihre Hausarbeit,
  Bachelor- und Masterarbeit

- Ihr eigenes eBook und Buch -
  weltweit in allen wichtigen Shops

- Verdienen Sie an jedem Verkauf

Jetzt bei www.GRIN.com hochladen und kostenlos publizieren